2. Auflage 2025
© Verlag Herder GmbH, Freiburg im Breisgau 2012
Hermann-Herder-Str. 4, 79104 Freiburg im Breisgau
produktsicherheit@herder.de
Alle Rechte vorbehalten
www.herder.de

Gesamtgestaltung: Uwe Stohrer Werbung, Freiburg
Druck: Graspo, Zlin
Gedruckt auf umweltfreundlichem, chlorfrei gebleichtem Papier
Printed in the Czech Republic

ISBN 978-3-451-71507-5

Die Legende vom heiligen
Nikolaus

Erzählt von Anselm Grün

Mit Bildern von Giuliano Ferri

HERDER

FREIBURG · BASEL · WIEN

Vor vielen Hundert Jahren lebte in der Stadt Patara ein frommes und gottesfürchtiges Paar. Lange waren der Mann und die Frau ohne Kinder geblieben, darum beteten sie zu Gott und baten ihn um ein Kind. Schließlich schenkte Gott ihnen einen Sohn, den sie Nikolaus nannten. Das bedeutet „Sieg des Volkes". Schon als kleiner Junge half Nikolaus Menschen, die in Not geraten waren. Oft betete er zu Gott und lauschte in der Kirche der Predigt des Priesters.

Als Nikolaus groß war, ließ er sich selbst zum Priester weihen. Wie Jesus wollte er den Menschen helfen und ihnen von Gottes Liebe erzählen.

Kurz nachdem Nikolaus zum Priester geweiht worden war, starben seine Eltern. Nikolaus erbte ein großes Vermögen, denn seine Eltern waren sehr reich gewesen. Doch er behielt das Geld nicht für sich, sondern verteilte es unter den Armen.

Eines Tages hörte Nikolaus von einem Mann, der drei Töchter hatte. Der Mann war von edler Herkunft, aber sehr, sehr arm. In seiner Not wollte er seine drei Töchter als Sklavinnen verkaufen, um so den Rest der Familie ernähren zu können.

Das konnte Nikolaus nicht zulassen! Er nahm einen Klumpen Gold und schlich in der Nacht zum Haus des Mannes. Heimlich warf er das Gold durch ein Fenster ins Zimmer der Mädchen. Nun hatte der Vater genug Geld, um für seine erste Tochter einen Bräutigam zu suchen.

Einige Tage später schlich Nikolaus wieder zum Haus und warf einen zweiten Goldklumpen in das Zimmer. So konnte auch die zweite Tochter heiraten.

Der Vater aber war neugierig geworden und wollte wissen, wer seinen Töchtern Gold schenkte. Als Nikolaus einige Zeit später den dritten Goldklumpen durchs Fenster warf, wurde der Mann davon wach, lief ihm nach und erkannte, dass es Nikolaus war. Doch Nikolaus bat ihn, niemandem etwas davon zu verraten. Der Mann und seine drei Töchter aber freuten sich und feierten ein rauschendes Hochzeitsfest.

In der Stadt Myra war der Bischof gestorben. Da kamen die Bischöfe
aus den umliegenden Städten herbei, um gemeinsam mit den Priestern
einen neuen Bischof zu wählen. Doch sie konnten sich nicht einigen.
Da sprach Gott im Traum zu einem der Bischöfe. Er sagte: „Wache
morgen früh vor dem Gottesdienst an der Tür der Kirche. Wer als
Erster die Kirche betritt, den sollt ihr zum Bischof weihen."
Der Bischof tat, wie Gott ihm befohlen hatte. Als er am nächsten
Morgen an der Türe wachte, trat Nikolaus in die Kirche. Da nahmen
sie ihn und setzten ihn auf den Bischofsstuhl.
Nikolaus sträubte sich, doch gegen
die vielen Bischöfe kam er nicht an.
So fügte er sich ihrem Willen
und wurde zum Bischof
von Myra.

Als Bischof war Nikolaus sehr beliebt beim Volk. Er half den Menschen, wo er nur konnte. Er war gütig, und jeder konnte mit seinen Sorgen zu ihm kommen.

Einmal gerieten ein paar Seeleute in einen schlimmen Sturm. Die Wellen warfen ihr Schiff hin und her und sie drohten, mit ihm unterzugehen. In ihrer Not riefen sie zu Nikolaus: „Nikolaus, wenn es wahr ist, was wir Gutes von dir gehört haben, dann hilf auch uns!"

Da sahen die Seeleute, wie Nikolaus über das Wasser auf sie zugelaufen kam. Er sagte zu ihnen: „Ihr habt mich gerufen. Hier bin ich."

Nikolaus stieg zu den Seeleuten aufs Schiff und half ihnen mit ihren Segeln und dem Ruder. Auf einmal legte sich der Sturm. Kein Lüftchen regte sich mehr. Nikolaus aber verschwand so schnell, wie er gekommen war.

Die Seeleute brachten ihr Schiff sicher in den Hafen von Myra. Dort gingen sie sofort zur Bischofskirche von Nikolaus und dankten ihm für ihre Rettung. Nikolaus aber sprach zu ihnen: „Nicht mir müsst ihr danken, sondern Gott. Er hat euch gerettet." Seit diesem Tag ist Nikolaus der Schutzpatron der Seeleute.

Einmal herrschte eine schreckliche Hungersnot. Lange schon
hatte es keinen Tropfen mehr geregnet. Die Sonne brannte vom
Himmel und verdorrte die ganze Ernte. Die Menschen von Myra
litten großen Hunger, denn nirgends im Land gab es mehr Korn.
Da gingen sie zu Nikolaus und baten ihn um Hilfe. Nikolaus
kniete nieder und betete zu Gott. Und Gott antwortete ihm:
„Geh morgen früh zum Hafen."

Als Nikolaus am nächsten Morgen zum Hafen kam, legte gerade
ein Handelsschiff aus Alexandria an. Es war bis zum Rand beladen
mit Getreide, das für den Kaiser bestimmt war.

Nikolaus ging zum Schiff und bat den Kapitän, ihm Getreide zu
geben, um die Not der Menschen zu lindern.

Doch der Kapitän sagte: „Ich kann dir leider nichts geben. Das
Korn ist genau abgemessen. Wenn wir weniger abliefern, wird uns
der Kaiser hart bestrafen."

Aber Nikolaus versprach, dass ihnen nicht ein Körnchen fehlen
werde, wenn sie zum Kaiser kämen. Da stimmte der Kapitän
schließlich zu.

So nahmen sie so viel Korn vom Schiff, wie sie brauchten.
Nikolaus verteilte es im Volk. Alle wurden satt. Und es war sogar
genug übrig, um es für das nächste Jahr auszusäen. So war die
schreckliche Hungersnot überwunden. Die Menschen liefen zu
Nikolaus und dankten ihm für seine Hilfe.

Als aber das Handelsschiff beim Kaiser ankam, fehlte tatsächlich
kein einziges Körnchen. Da erzählten die Seeleute überall, was
in Myra geschehen war. Sie lobten und dankten Gott. Und die
Nachricht von dem Wunder breitete sich wie ein Lauffeuer in der
ganzen Gegend aus.

Ein Edelmann hatte keine Kinder. Deshalb bat er den heiligen Nikolaus, ihm einen Sohn zu schenken. Er versprach dem Heiligen, einen goldenen Becher für ihn fertigen zu lassen, wenn sein Wunsch sich erfüllte. Schließlich bekam er tatsächlich einen Sohn. Der Edelmann erinnerte sich an sein Versprechen und ließ einen goldenen Becher fertigen. Doch der war so schön, dass er ihn für sich behalten wollte. Für Nikolaus ließ er einen anderen machen.

Zusammen mit seinem Sohn machte sich der Edelmann mit dem Boot auf den Weg zur Kirche des heiligen Nikolaus. Auf der Fahrt wollte der Sohn mit dem ersten Becher Wasser aus dem Fluss schöpfen. Dabei fiel er samt dem Becher in den Fluss und ertrank.

Trotz seiner Trauer fuhr der Vater mit dem Boot weiter zur Kirche des heiligen Nikolaus, um sein Versprechen zu erfüllen. Dort stellte er den zweiten Becher auf den Altar. Doch er fiel um. Der Mann stellte ihn wieder hin. Doch abermals kullerte er vom Altar. So ging es einige Male.

Da öffnete sich plötzlich die Tür der Kirche und der tot geglaubte Sohn trat herein. In der Hand hielt er den ersten Becher. Den stellte er auf den Altar, und dieses Mal blieb er stehen.

Der Sohn erzählte, dass es Nikolaus gewesen sei, der ihn aus den Fluten gerettet habe. Da freute sich der Vater und opferte Nikolaus beide Becher auf dem Altar.

Die vielen Wunder, die Nikolaus während seines Lebens und nach seinem Tod vom Himmel aus vollbracht hat, haben ihn sehr beliebt gemacht. Und da er besonders Kindern half, wenn sie in Not gerieten, bekommen die Kinder heute an seinem Gedenktag, dem 6. Dezember, kleine Geschenke. Am Abend zuvor stellen sie ihre Schuhe oder einen Teller vor die Tür in der Hoffnung, dass Nikolaus ihnen etwas schenken möge. Und so singen die Kinder auch heute noch gerne am Fest des heiligen Nikolaus:

Lasst uns froh und munter sein,
und uns in dem Herrn erfreu'n.
Lustig, lustig, tralalalala,
heut ist Nikolausabend da,
heut ist Nikolausabend da.